Klaus Kordon · Peter Schimmel

Die Lisa

Klaus Kordon, geb. 1943 in Berlin, war Transport- und Lagerarbeiter, studierte Volkswirtschaft und unternahm als Exportkaufmann Reisen nach Afrika und Asien, insbesondere nach Indien. Heute lebt er als freier Schriftsteller in Berlin. Im Programm Beltz & Gelberg erschienen u.a. *Die Reise zur Wunderinsel*, *Die roten Matrosen oder Ein vergessener Winter* (Züricher Kinderbuchpreis »La vache qui lit«, Preis der Leseratten, Roter Elefant), *Mit dem Rücken zur Wand* (Züricher Kinderbuchpreis »La vache qui lit«, Preis der Leseratten, Silberner Griffel), *Der erste Frühling* (Buxtehuder Bulle, Evangelischer Buchpreis), *1848. Die Geschichte von Jette und Frieder* und *Hundert Jahre & ein Sommer* sowie in der Reihe Biographie die Lebensgeschichte des Erich Kästner *Die Zeit ist kaputt* (Deutscher Jugendliteraturpreis). Zuletzt erschienen von ihm *Die Stadt der Diebe* (Bilder von Julian Jusim) und der Roman *Paula Kussmaul lässt nicht locker*.

Peter Schimmel, geb. 1941, lebt und arbeitet als Buchmaler in München. Bekannt ist er vor allem durch seine Schulbuchillustrationen. Er illustriert jedoch auch Kinderbücher, Belletristik und Sachbücher.

www.beltz.de

Programm Beltz & Gelberg, Weinheim

Neue Rechtschreibung
Einband: Max Bartholl
Titelbild: Peter Schimmel
Litho: digipro Zimmermann, Mannheim
Gesamtherstellung
Druckhaus Beltz, 69494 Hemsbach
Printed in Germany
ISBN 3 407 79288 3
1 2 3 4 5 06 05 04 03 02

Klaus Kordon · Peter Schimmel

Die Lisa

Eine deutsche Geschichte

BELTZ
& Gelberg

In einer kalten Winternacht vor vielen Jahren wurde in der großen Stadt Berlin …

... ein Mädchen geboren. Ihre Eltern ließen es Henriette Elisabeth taufen. Aber vom ersten Tag an war das Mädchen für alle nur »die Lisa«.

Berlin war zu jener Zeit kaiserliche Hauptstadt. Wilhelm II. – so hieß der Kaiser – wollte Deutschland stark machen. Viele Fabriken wurden gegründet und Häuser wurden gebaut. Auch das Haus Nr. 10, in dem Lisa aufwuchs, entstand in jenen Jahren. Erst drei Monate vor Lisas Geburt war es fertig geworden.

Als Lisa in die Schule kam, spielte sie am liebsten mit dem blonden Hans aus dem Hinterhaus. Ihre beste Freundin aber war die Else, die Tochter vom Lebensmittelhändler Kohn. Der Karl Jäger war auch immer dabei. Doch er spielte nur selten mit, viel lieber guckte er zu.

Lisa wollte Schneiderin werden und hatte Glück: Der Herr Kröger nahm sie in die Lehre. Nur wenige Tage später musste ihr Vater in den Krieg. Der Erste Weltkrieg hatte begonnen. Doch die Menschen in den Straßen waren darüber nicht sehr traurig. Ganz im Gegenteil, sie jubelten. Der Kaiser

hatte gesagt, sie müssten das Vaterland verteidigen. Und er hatte ihnen versprochen, der Krieg würde nicht sehr lange dauern. Weihnachten 1914 sollten alle Väter wieder bei ihren Kindern sein.

Die Jahre vergingen und der Krieg nahm kein Ende, wurde nur immer grausamer. Viele Soldaten kehrten nicht zurück und auch Lisas Vater fiel. Und in der Heimat starben die Menschen, weil sie zu wenig zu essen bekamen und nichts zu heizen hatten. Als der blonde Hans an der Hungergrippe starb, überlegte sein Vater, wie die Menschen mit dem Krieg Schluss machen konnten. Andere Väter und Mütter dachten dasselbe.

Deutschland konnte den Krieg nicht gewinnen, der Kaiser und seine Generäle jedoch wollten ihn nicht als Verlierer beenden und ließen immer weiterkämpfen. Nach vier Jahren Krieg, Hunger und Not aber wehrten sich die Menschen gegen ihre Regierung und es kam zu einer Revolution. Der Kaiser musste abdanken, eine neue Regierung wurde gewählt und Frieden konnte geschlossen werden. In einen der jungen Soldaten, die aus dem Krieg heimkehrten, verliebte sich die Lisa. Er hieß Werner und wohnte in der Nr. 17.

Obwohl nun Frieden war, ging es den meisten Menschen noch immer sehr schlecht. Der Krieg hatte nur unter großen Opfern beendet werden können. Trotzdem war Lisa in jener Zeit sehr glücklich. Ihr Werner und sie gingen oft tanzen. Und die Else nahm den Paul Kröger mit, den Sohn vom Schneidermeister Kröger.

Wenige Jahre später heirateten Lisa und Werner. Es war wieder eine schlimme Zeit. Inflation nannten das die Leute. Alles wurde immer teurer. Zum Schluss kostete ein Brot über eine Milliarde Mark. Und obwohl Werner jeden Tag mehr verdiente, mussten Lisa und er oft hungern. Andere nutzten die Not der Menschen aus, um krumme Geschäfte zu machen, und wurden reich dabei.

Lisa wünschte sich Kinder, einen Jungen und ein Mädchen. Doch sie bekam nur Jungen, erst den Wolfgang, dann den Klaus. Das war eine schöne Zeit. Lisas Familie ging es gut und Berlin war in jenen Jahren eine der interessantesten Städte Europas. Es gab viele Cafés, viele Theater, Kinos und Sportveranstaltungen. Immer mehr Busse, Straßenbahnen und Autos fuhren durch die Stadt, das Modewort hieß »Tempo«.

Werner war von Beruf Werkzeugmacher. Seine Arbeit machte ihm Spaß und wurde nicht schlecht bezahlt. Doch dann kam die Wirtschaftskrise. In der ganzen Welt gab es immer weniger Arbeit. Allein in Deutschland wurden sechs Millionen Menschen arbeitslos. Darunter auch Werner. In dieser Zeit starb Lisas Mutter. Lisa musste sehr tapfer sein.

Eine neue Regierung war an die Macht gelangt. Adolf Hitler hieß der neue Reichskanzler, der »Führer« aller Deutschen sein wollte. Wer anders dachte als seine Partei und das auch sagte, wurde eingesperrt. Juden galten von nun an als Untermenschen. Die Familie Kohn aber war jüdisch und der Karl

Jäger glaubte der neuen Regierung. Lisa sah das mit Erschrecken. Sie hoffte, die neue Regierung würde nicht lange an der Macht bleiben. Viele Menschen hofften das. Als sie merkten, dass sie sich geirrt hatten, war es schon zu spät.

Eines Nachts wurden den jüdischen Ladenbesitzern die Schaufensterscheiben eingeschlagen und die Läden ausgeplündert. Viele Juden wurden geschlagen, andere umgebracht. Fast alle jüdischen Gotteshäuser wurden angezündet. Elses Eltern bekamen Angst und verließen Deutschland. Else blieb in Berlin und führte den Lebensmittelladen weiter. Sie wollte Paul nicht verlassen. Heiraten aber durften die beiden nicht. Jede Heirat zwischen jüdischen und nichtjüdischen Deutschen war verboten.

Werner hatte wieder Arbeit und viele andere auch. Die Hitler-Regierung bereitete einen neuen Krieg vor. Also brauchte man Autos, Waffen und Autobahnen, um schnell in die Nachbarländer einfallen zu können. Als der Krieg ins dritte Jahr ging, musste auch Werner wieder ins Feld – zum zweiten Mal in seinem Leben. Elses Paul war schon lange an der Front. Er schrieb der Else oft lange Briefe. Die meisten waren sehr traurig. Diesmal hatten die Menschen nicht gejubelt, als der Krieg begann. Sie hatten den ersten noch in böser Erinnerung.

Die Hitler-Regierung aber führte nicht nur gegen andere Länder Krieg, sie führte ihn auch gegen das eigene Volk. Wer sagte, dass der Krieg ein Verbrechen war, wurde abgeholt und eingesperrt. Und auch die Juden, die in Deutschland geblieben waren, wurden abgeholt und eingesperrt – und die meisten von ihnen umgebracht. Auch die Else. Lisa dachte an ihre Kinder und wagte nicht, ihrer Freundin beizustehen. Wer Juden half, brachte sich selbst in Gefahr. In Lebensgefahr.

Im Zweiten Weltkrieg starben noch mehr Menschen als im Ersten. Es gab nun Flugzeuge, die tief in die feindlichen Länder hineinfliegen konnten. Sie hatten Bomben an Bord, mit denen die Piloten ganze Städte zerstörten. Zuerst bombardierten die deutschen Flieger London, Coventry und Leningrad, dann zerstörten die Engländer und Amerikaner München, Dresden und Berlin. Fast jede Nacht war Bombenalarm und Lisa musste mit ihrem Klaus in den Luftschutzkeller fliehen. Der Wolfgang war nun auch schon Soldat.

Diesmal war der Krieg erst zu Ende, als Deutschland völlig am Boden lag. Der deutsche Führer hatte bis zum Schluss kämpfen lassen. Und viele waren ihm bis zum Schluss gefolgt. Als die Kämpfe endlich vorüber waren, stand in Berlin nur noch jedes dritte Haus. Und wieder gab es nichts zu essen und zu heizen. Lisa und Klaus aber hatte noch Glück gehabt, die Nr. 10 war heil

geblieben. So hatten sie wenigstens eine Wohnung. Werner aber war im Krieg gefallen und Wolfgang in Gefangenschaft geraten. Nur Elses Paul kam bald wieder in die Nr. 10 zurück.

Die Else lebte nicht mehr und Werner lebte nicht mehr. Lisa und Paul waren immer schon Freunde gewesen, jetzt zogen sie zusammen. Paul reparierte in der Schneiderei, die er von seinen Eltern geerbt hatte, Radios, Lisa arbeitete wieder als Schneiderin. Aus alten Soldatenmänteln machte sie Joppen für Kinder, aus Kleidern Röcke und aus langen Hosen kurze.

Weil Deutschland den Krieg begonnen hatte, wurde das Land von den Siegern geteilt. Zuerst lebten die Menschen in vier verschiedenen Besatzungszonen – der englischen, französischen, amerikanischen oder russischen Zone –, später in zwei Deutschlands. Das eine nannte sich Deutsche Demokratische Republik, das andere Bundesrepublik Deutschland. Die Stadt Berlin wurde genauso geteilt. Die Grenze ging mitten durch Lisas Straße. Von nun an wohnte sie in West-Berlin.

Nachdem Lisa und ihr Paul einige Jahre zusammengelebt hatten, heirateten sie. Klaus und seine Freundin Karin feierten mit. Und auch die Familie Neumann aus dem dritten Stock war dabei – eine Flüchtlingsfamilie, die durch den Krieg aus ihrer Heimat vertrieben worden war. Wolfgang war noch immer in Kriegsgefangenschaft. Irgendwo in der Sowjetunion. Nur einen Brief hatte er bisher schreiben dürfen. Es war ein sehr nachdenklicher Brief. Wolfgang machte sich viele Gedanken, wie es zu den beiden Kriegen gekommen war.

Erst zehn Jahre nach Kriegsende wurde Wolfgang aus der Kriegsgefangenschaft entlassen. Aber er zog nicht zu Lisa zurück. Er zog nach Ost-Berlin. Die Menschen in der Deutschen Demokratischen Republik wollten ein besseres, friedlicheres Deutschland schaffen. Dabei wollte er mithelfen. Klaus hatte keine gute Meinung von diesem anderen Deutschland. Und so stritten die beiden Brüder oft miteinander.

Auch der Karl Jäger kam zurück. Wo er gewesen war, wusste niemand. Manche sagten, er hätte für das, was er unter Hitler getan hatte, im Gefängnis gesessen. Andere erzählten, er hätte sich versteckt gehalten. Lisa wollte nur wissen, ob er sich für seine Verbrechen schämte. Als sie sah, dass er ausgerechnet in Kohns Lebensmittelladen ein eigenes Geschäft aufmachte, fragte sie ihn nicht danach. Und traf sie ihn auf der Straße, grüßte sie nicht.

Nach und nach verschwanden die Ruinen. So schön wie die Häuser, die vorher dort gestanden hatten, aber wurden die Neubauten nicht. Weil viele Wohnungen benötigt wurden, musste schnell gebaut werden. Doch je mehr Häuser entstanden, desto mehr Menschen zogen wieder in Lisas Straße. Das gefiel ihr. Und als auch Klaus und Karin endlich eine eigene Wohnung fanden, freute sie sich sehr. Die beiden wollten nämlich heiraten.

Lisa war schon über sechzig Jahre alt, da erlebte sie wieder etwas Schlimmes: Dem anderen deutschen Staat waren zu viele Menschen weggelaufen. Die einen, weil es den Leuten im Westen besser ging, die anderen, weil sie endlich mal laut sagen wollten, was sie dachten. Damit niemand mehr weglaufen konnte, ließ die DDR-Regierung eine Mauer bauen. Mitten durch die Stadt. Versuchte es trotzdem einer, wurde auf ihn geschossen. Nur wer sehr viel

Glück hatte, konnte jetzt noch fliehen. Viele aber hatten kein Glück. Sie wurden an der Mauer erschossen oder gefangen genommen und eingesperrt. Für Lisa bedeutete das, dass ihr Wolfgang sie nicht mehr besuchen konnte. Und sie durfte nicht zu ihm. Nur noch telefonieren konnten sie miteinander. Und Briefe schreiben.

Zwei Jahre später heirateten Klaus und Karin. Es wurde eine schöne Hochzeit mit vielen jungen Leuten. Wolfgang und seine Familie konnten leider nicht dabei sein. Wieder ein Jahr später bekam Karin ihr erstes Kind: die Monika. Lisa war Oma geworden. Bald darauf kam Dieter zur Welt, Monikas kleiner Bruder. Paul war zu dieser Zeit schon sehr krank und konnte nicht mehr aufstehen.

Wenige Tage nach seinem siebzigsten Geburtstag starb Paul. Lisa hatte ihn bis zuletzt gepflegt. Wolfgang wäre gern zur Beerdigung gekommen, seine Regierung aber ließ immer noch niemanden über die Grenze. Paul wäre ja nicht sein richtiger Vater gewesen, wurde ihm gesagt. Vor Zorn hatte Wolfgang laut auf seine Regierung geschimpft. Da haben sie ihn ins Gefängnis gesperrt, ein ganzes Jahr lang.

Das Haus Nr. 10 war nun längst nicht mehr schön. Es hätte neu verputzt werden müssen. Und in die Wohnungen hätten Bäder und Zentralheizungen hineingehört. Das war dem Hausbesitzer zu teuer. Also zogen immer mehr Mieter aus und neue dafür ein. Die neuen Mieter waren junge Leute oder Familien aus der Türkei, die in Berlin Arbeit gefunden hatten. Lisa zog nicht aus. Sie hatte ihr ganzes Leben in der Nr. 10 verbracht und wollte nicht weg. Die Kinder im Haus mochten sie sehr.

Auch mit den jungen Leuten verstand Lisa sich gut. Nur die laute Musik, die manchmal durchs Haus dröhnte, störte sie. Seit aber der Karl Jäger seinen Schäferhund auf die neuen Hausbewohner gehetzt hatte, schimpfte sie nicht mehr mit ihnen. Sie verstand nicht alles, was die jungen Männer und Frauen so redeten, doch wenn der Karl Jäger ihr Feind war, konnte, was sie wollten, nicht ganz falsch sein.

Wolfgang durfte seine Mutter immer noch nicht besuchen. Aber wenigstens durfte Lisa jetzt zu ihm. So fuhr sie oft zu ihren Ost-Berliner Enkeln. Wolfgangs Kinder nannten sie nur die »Weihnachtsoma«, weil sie jedes Mal so viele Taschen voller Geschenke mitschleppte. Sprachen Lisa und Wolfgang allein miteinander, merkte Lisa, dass er in seinem Deutschland

sehr unglücklich war. Weil er mal im Gefängnis gesessen hatte, vertraute man ihm nicht mehr. Deshalb musste er eine Arbeit machen, die er nicht mochte. Hätte er sich laut darüber beschwert, hätten sie ihn wieder eingesperrt.

Zu ihrem achtzigsten Geburtstag erhielt Lisa von Karin und Klaus ein großes Geschenk: eine Reise nach Paris. Lisa war ja noch nie im Ausland gewesen. Auch die Stadt Paris kannte sie nur aus dem Fernsehen. Ihr ganzes Leben lang hatte sie sich eine solche Reise gewünscht. Fahren aber wollte sie erst im Sommer. Im Winter war es ihr zu kalt. Als es so weit war, fuhren Monika und Dieter mit, um auf ihre Oma aufzupassen. Sie hatten in der Schule ein bisschen Französisch gelernt.

Vor ein paar Jahren wurden die Wohnungen in der Nr. 10 endlich renoviert – und danach die Mieten erhöht. Die jungen Leute und die türkischen Familien konnten die teuren Mieten nicht mehr bezahlen, also zogen neue Mieter ein, wohlhabendere. Auch Lisas kleine Rente reichte nicht mehr aus; Klaus und Karin gaben ihr, was fehlte. Jetzt endlich durfte auch Wolfgang seine Mutter wieder besuchen. Das freute Lisa sehr. Doch am häufigsten kam Monika mit ihrer Tochter Anne vorbei: Die Lisa war Uroma geworden.

Heute ist die Lisa schon über neunzig Jahre alt und geht kaum noch auf die Straße. Sie sagt, der Fernseher sei nun ihre Straße. Aber als die Mauer zwischen Ost- und West-Berlin abgerissen wurde und aus den beiden Deutschlands wieder ein Land geworden war, wurde sie noch einmal richtig munter. »Dass ich das noch erlebe!«, hat sie immer wieder gesagt. Aber Sorgen macht sie sich auch, denn nun hat ihr Wolfgang seine Arbeit verloren. Das erinnert sie sehr an seinen Vater, den Werner, ihren ersten Mann.

Auch nachts, wenn Lisa in ihrem Bett liegt, bekommt sie manchmal Besuch. Ihre Eltern sitzen dann plötzlich an ihrem Bett, der blonde Hans aus dem Hinterhaus und ihre Freundin Else. Ihr erster Mann Werner lacht ihr zu und ihr zweiter Mann, der Paul, repariert gerade wieder ein Radio. Wie sie als junges Mädchen tanzen ging, erlebt sie neu und wie sie im Krieg im Keller saß. Die türkischen Kinder kommen sie besuchen und die jungen Leute, die mal in ihrem Haus wohnten. Wenn dann alle um sie versammelt sind, freut sie sich, dass alle noch da sind – und da muss sie manchmal richtig laut lachen.

Bücher von Klaus Kordon (Auswahl)

Die Reise zur Wunderinsel

Roman. Gebunden, 184 Seiten (79522),
Gulliver Taschenbuch 30 (78030) *ab 8*

Die Geschichte der lungenkranken Silke, die von ihren Eltern den größten Wunsch erfüllt bekommt: eine Reise in die Südsee. Auf einer unbewohnten Insel verbringen sie nach vielen Abenteuern sechs wunderschöne Wochen. Dort passiert dann etwas, das allen wie ein Wunder vorkommt ...

•

Frank oder Wie man Freunde findet

Roman in drei Teilen. Gebunden, 432 Seiten (79795) *ab 10*

Die Geschichte von Frank, der im geteilten Berlin der Nachkriegszeit aufwächst, in einem Buch. Die Trilogie vereint die Bände *Brüder wie Freunde, Tage wie Jahre* und *Einer wie Frank.*
»Ein Wunschtraum von einem Kinderroman.« *FAZ*

•

Die roten Matrosen oder Ein vergessener Winter

Roman. Mit einem Nachwort des Autors
Gulliver Taschenbuch 771 (78771), 524 Seiten *ab 12*
Züricher Kinderbuchpreis »La vache qui lit«

Mit dem Rücken zur Wand

Roman. Mit einem Nachwort des Autors
Gulliver Taschenbuch 793 (78793), 472 Seiten *ab 12*
Züricher Kinderbuchpreis »La vache qui lit«

Der erste Frühling

Roman. Mit einem Nachwort des Autors
Gulliver Taschenbuch 802 (78802), 524 Seiten *ab 12*
Evangelischer Buchpreis, Buxtehuder Bulle

Die Trilogie erzählt das Schicksal der Familie Gebhard aus der Ackerstraße 37 in Berlin über drei Generationen 1918/19, 1932/33 und 1945.

»Kordon hat sorgfältig Fakten zusammengetragen und Atmosphärisches eingefangen, aus Quellen und Darstellungen und besonders von Augenzeugen. Entscheidend aber bei diesem Autor ist die Fähigkeit, mit und in den Gestalten, die er schafft, zu leben.« *FAZ*

Beltz & Gelberg
Beltz Verlag, Postfach 10 01 54, 69441 Weinheim, www.beltz.de